1. Introdução

O objetivo deste livro é proporcionar uma introdução abrangente ao Python para iniciantes. Ao longo dos capítulos, você aprenderá os fundamentos de programação em Python, explorará bibliotecas essenciais para a ciência de dados e aplicará esse conhecimento em análises e projetos práticos.

Python é uma das linguagens de programação mais populares para ciência de dados devido à sua simplicidade, versatilidade e uma vasta gama de bibliotecas especializadas. É uma linguagem ideal para iniciantes, pois possui uma curva de aprendizado suave e uma comunidade ativa que oferece suporte e recursos valiosos.

Ciência de dados é um campo interdisciplinar que utiliza métodos, processos, algoritmos e sistemas científicos para extrair conhecimento e insights de dados estruturados e não estruturados. Envolve a coleta, processamento, análise e visualização de dados para ajudar na tomada de decisões informadas.

2. Fundamentos de Python

Para começar a programar em Python, você precisa instalar o Python em seu computador.

1. Windows:

  - Acesse o site oficial do Python: https://www.python.org/.

  - Baixe o instalador adequado para o seu sistema operacional.

  - Execute o instalador e siga as instruções na tela, certificando-se de marcar a opção "Adicionar Python ao PATH".

2. Mac:

  - Acesse o site oficial do Python: https://www.python.org/.

  - Baixe o instalador adequado para o seu sistema operacional.

  - Execute o instalador e siga as instruções na tela.

3. Linux:

  - A maioria das distribuições Linux já vem com Python pré-instalado. Para verificar, abra o terminal e digite python3 --version.

  - Caso precise instalar, use o gerenciador de pacotes da sua distribuição, por exemplo, no Ubuntu: sudo apt-get install python3.

Uma IDE (Integrated Development Environment) facilita a programação, oferecendo ferramentas como edição de código, execução e depuração integradas. Algumas opções populares incluem:

- Jupyter Notebook: Ideal para ciência de dados, permite criar e compartilhar documentos que contêm código executável, visualizações e texto.

- VSCode: Um editor de código leve e altamente extensível.

- PyCharm: Uma IDE robusta para desenvolvimento em Python.

Vamos começar com alguns conceitos básicos de sintaxe em Python.

```python
# Comentário

print("Hello, World!")  # Esta linha imprime uma mensagem na tela


# Variáveis e Tipos de Dados

x = 10          # Inteiro

y = 3.14        # Float (ponto flutuante)

nome = "Alice"    # String

verdadeiro = True # Booleano


# Operadores

soma = x + y

produto = x * y
```

Python oferece estruturas de controle de fluxo como if, for e while.

```python
# Estrutura condicional if

if x > 5:

    print("x é maior que 5")

else:

    print("x não é maior que 5")
```

```python
# Loop for
for i in range(5):
    print(i)


# Loop while
while x > 0:
    x -= 1
    print(x)
```

Funções permitem encapsular código reutilizável.

```python
def saudacao(nome):
    return f"Olá, {nome}!"


print(saudacao("Alice"))
```

Operações básicas com strings.

```python
texto = "Python é incrível!"
print(texto.upper())    # Converte para maiúsculas
print(texto.lower())    # Converte para minúsculas
print(texto.split())    # Divide a string em uma lista de palavras
```

Estruturas de dados essenciais em Python.

```python
# Lista

lista = [1, 2, 3, 4, 5]

print(lista[0])  # Acessa o primeiro elemento

lista.append(6)  # Adiciona um novo elemento


# Tupla (imutável)

tupla = (1, 2, 3)

print(tupla[1])


# Dicionário

dicionario = {'nome': 'Alice', 'idade': 25}

print(dicionario['nome'])

dicionario['idade'] = 26  # Atualiza o valor
```

3. Bibliotecas Essenciais para Ciência de Dados

NumPy é uma biblioteca fundamental para computação científica em Python. Ela oferece suporte para arrays multidimensionais e funções matemáticas de alto desempenho.

```python
import numpy as np
```

```python
# Criação de um array
array = np.array([1, 2, 3, 4, 5])
print(array)
```

```python
# Operações matemáticas
soma = np.sum(array)
media = np.mean(array)
print(f"Soma: {soma}, Média: {media}")
```

Pandas é uma biblioteca poderosa para manipulação e análise de dados.

```python
import pandas as pd
```

```python
# Criação de um DataFrame
data = {'Nome': ['Ana', 'Carlos', 'Pedro'], 'Idade': [23, 35, 45]}
df = pd.DataFrame(data)
print(df)
```

```python
# Leitura de dados de um arquivo CSV
```

```python
df = pd.read_csv('dados.csv')

print(df.head())


# Operações com DataFrame

df['Idade'] = df['Idade'] + 1  # Incrementa a idade de todos

print(df)
```

Bibliotecas para visualização de dados.

```python
import matplotlib.pyplot as plt

import seaborn as sns


# Gráfico de linha com Matplotlib

plt.plot([1, 2, 3, 4, 5], [1, 4, 9, 16, 25])

plt.title('Gráfico de Linha')

plt.xlabel('Eixo X')

plt.ylabel('Eixo Y')

plt.show()


# Gráfico de dispersão com Seaborn

sns.scatterplot(x='Idade', y='Nome', data=df)

plt.title('Gráfico de Dispersão')

plt.show()
```

Plotly é uma biblioteca que permite criar gráficos interativos.

```python
import plotly.express as px
```

```python
# Gráfico de dispersão interativo
fig = px.scatter(df, x='Idade', y='Nome')
fig.show()
```

```python
# Gráfico de linha interativo
fig = px.line(df, x='Data', y='Valor')
fig.show()
```

Scikit-Learn é uma biblioteca para machine learning.

```python
from sklearn.linear_model import LinearRegression
```

```python
# Dados de exemplo
X = [[1], [2], [3], [4], [5]]
y = [1, 4, 9, 16, 25]
```

```python
# Criação do modelo
modelo = LinearRegression()
modelo.fit(X, y)
```

```python
# Previsão
predicoes = modelo.predict([[6]])
```

print(predicoes)

4. Manipulação de Dados com Pandas

Pandas é uma biblioteca essencial para manipulação de dados em Python. Ela fornece estruturas de dados rápidas, flexíveis e expressivas, projetadas para facilitar o trabalho com dados relacionais ou rotulados.

```python
import pandas as pd
```

```python
# Criação de um DataFrame
data = {'Nome': ['Ana', 'Carlos', 'Pedro'], 'Idade': [23, 35, 45]}
df = pd.DataFrame(data)
print(df)
```

Pandas facilita a importação e exportação de dados em vários formatos, como CSV, Excel, SQL, entre outros.

```python
# Leitura de dados de um arquivo CSV
df = pd.read_csv('dados.csv')
print(df.head())
```

```python
# Exportação para um arquivo Excel
df.to_excel('dados.xlsx', index=False)
```

Lidar com dados reais geralmente envolve a limpeza de dados, como remover valores nulos ou duplicados.

```python
# Removendo valores nulos

df.dropna(inplace=True)


# Preenchendo valores nulos

df.fillna(0, inplace=True)


# Removendo duplicatas

df.drop_duplicates(inplace=True)
```

Pandas facilita operações como agrupamento, filtragem e agregação de dados.

```python
# Agrupando dados

grupo = df.groupby('Categoria').mean()


# Filtrando dados

filtrado = df[df['Idade'] > 30]


# Operações de agregação

soma = df['Valor'].sum()

media = df['Valor'].mean()
```

5. Visualização de Dados

Matplotlib é uma biblioteca para criar visualizações estáticas, animadas e interativas em Python.

```python
import matplotlib.pyplot as plt
```

```python
# Gráfico de linha
plt.plot([1, 2, 3, 4, 5], [1, 4, 9, 16, 25])
plt.title('Gráfico de Linha')
plt.xlabel('Eixo X')
plt.ylabel('Eixo Y')
plt.show()
```

```python
# Gráfico de barras
plt.bar(['A', 'B', 'C', 'D'], [5, 7, 3, 4])
plt.title('Gráfico de Barras')
plt.xlabel('Categorias')
plt.ylabel('Valores')
plt.show()
```

Seaborn é uma biblioteca baseada no Matplotlib que oferece uma interface de alto nível para criar gráficos estatísticos atraentes.

```python
import seaborn as sns
```

```python
# Gráfico de dispersão
```

```python
sns.scatterplot(x='Idade', y='Nome', data=df)

plt.title('Gráfico de Dispersão')

plt.show()


# Gráfico de distribuição

sns.histplot(df['Idade'], kde=True)

plt.title('Distribuição de Idades')

plt.show()
```

Plotly é uma biblioteca que permite criar gráficos interativos.

```python
import plotly.express as px


# Gráfico de dispersão interativo

fig = px.scatter(df, x='Idade', y='Nome')

fig.show()


# Gráfico de linha interativo

fig = px.line(df, x='Data', y='Valor')

fig.show()
```

6. Estatística e Probabilidade

Estatística e probabilidade são fundamentos importantes para a análise de dados.

```python
import numpy as np


dados = [23, 20, 25, 30, 22, 20, 28, 25]


# Média
media = np.mean(dados)
print(f"Média: {media}")


# Mediana
mediana = np.median(dados)
print(f"Mediana: {mediana}")


# Moda
from scipy import stats
moda = stats.mode(dados)
print(f"Moda: {moda.mode[0]}")


# Variância
variancia = np.var(dados)
print(f"Variância: {variancia}")


# Desvio Padrão
```

```python
desvio_padrao = np.std(dados)

print(f"Desvio Padrão: {desvio_padrao}")
```

As distribuições de probabilidade descrevem como os valores de uma variável são distribuídos.

```python
# Distribuição Normal

media, desvio_padrao = 0, 1

dados_normais = np.random.normal(media, desvio_padrao, 1000)


# Plotando a distribuição

plt.hist(dados_normais, bins=30, density=True)

plt.title('Distribuição Normal')

plt.show()


# Distribuição Binomial

n, p = 10, 0.5

dados_binomiais = np.random.binomial(n, p, 1000)


# Plotando a distribuição

plt.hist(dados_binomiais, bins=30, density=True)

plt.title('Distribuição Binomial')

plt.show()
```

Os testes de hipóteses são usados para tomar decisões com base em dados amostrais.

```python
# Teste T de uma amostra

from scipy.stats import ttest_1samp


dados = [2.3, 1.9, 2.5, 2.8, 3.2]

t_stat, p_value = ttest_1samp(dados, 2.5)

print(f"Estatística t: {t_stat}, Valor p: {p_value}")


# Teste T para duas amostras independentes

dados1 = [2.3, 1.9, 2.5, 2.8, 3.2]

dados2 = [3.1, 2.8, 2.9, 3.6, 3.3]

t_stat, p_value = ttest_ind(dados1, dados2)

print(f"Estatística t: {t_stat}, Valor p: {p_value}")
```

7. Introdução ao Machine Learning

Machine Learning é um campo da inteligência artificial que permite que os sistemas aprendam e façam previsões ou decisões baseadas em dados.

Existem três tipos principais de aprendizado:

- Aprendizado Supervisionado: O modelo é treinado com dados rotulados.
- Aprendizado Não Supervisionado: O modelo identifica padrões e relações nos dados sem rótulos.
- Aprendizado por Reforço: O modelo aprende com base em recompensas e penalidades.

A preparação dos dados é crucial para o sucesso do modelo de machine learning.

```python
from sklearn.model_selection import train_test_split
from sklearn.preprocessing import StandardScaler


# Dados de exemplo
X = [[1], [2], [3], [4], [5]]
y = [1, 4, 9, 16, 25]


# Dividindo os dados em conjuntos de treino e teste
X_train, X_test, y_train, y_test = train_test_split(X, y, test_size=0.2, random_state=0)


# Normalizando os dados
scaler = StandardScaler()
X_train = scaler.fit_transform(X_train)
```

```
X_test = scaler.transform(X_test)
```

Um pipeline de machine learning envolve várias etapas, desde a coleta de dados até a avaliação do modelo.

```python
from sklearn.pipeline import Pipeline
from sklearn.linear_model import LinearRegression
from sklearn.preprocessing import PolynomialFeatures

# Criando um pipeline
pipeline = Pipeline([
    ('poly', PolynomialFeatures(degree=2)),
    ('linear', LinearRegression())
])

# Treinando o modelo
pipeline.fit(X_train, y_train)

# Fazendo previsões
predicoes = pipeline.predict(X_test)
print(predicoes)
```

8. Modelos de Machine Learning

Modelos Supervisionados

Regressão Linear

A regressão linear é um modelo simples que assume uma relação linear entre a variável dependente e uma ou mais variáveis independentes.

```python
from sklearn.linear_model import LinearRegression
import numpy as np


# Dados de exemplo
X = np.array([[1], [2], [3], [4], [5]])
y = np.array([1, 4, 9, 16, 25])


# Criando o modelo
modelo = LinearRegression()
modelo.fit(X, y)


# Fazendo previsões
predicoes = modelo.predict(X)
print(predicoes)


# Visualizando o resultado
import matplotlib.pyplot as plt
```

```python
plt.scatter(X, y, color='blue')

plt.plot(X, predicoes, color='red')

plt.title('Regressão Linear')

plt.xlabel('X')

plt.ylabel('y')

plt.show()
```

Regressão Logística

A regressão logística é usada para modelar a probabilidade de uma variável dependente binária.

```python
from sklearn.linear_model import LogisticRegression


# Dados de exemplo

X = np.array([[1], [2], [3], [4], [5]])

y = np.array([0, 0, 1, 1, 1])


# Criando o modelo

modelo = LogisticRegression()

modelo.fit(X, y)


# Fazendo previsões

predicoes = modelo.predict(X)

print(predicoes)
```

Árvore de Decisão

As árvores de decisão são modelos de árvore que tomam decisões baseadas em condições de características.

```python
from sklearn.tree import DecisionTreeClassifier


# Dados de exemplo
X = np.array([[1], [2], [3], [4], [5]])
y = np.array([0, 0, 1, 1, 1])


# Criando o modelo
modelo = DecisionTreeClassifier()
modelo.fit(X, y)


# Fazendo previsões
predicoes = modelo.predict(X)
print(predicoes)
```

Modelos Não Supervisionados

K-means

K-means é um algoritmo de clustering que particiona os dados em k clusters.


```python
from sklearn.cluster import KMeans


# Dados de exemplo
```

```python
X = np.array([[1, 2], [1, 4], [1, 0], [10, 2], [10, 4], [10, 0]])


# Criando o modelo

kmeans = KMeans(n_clusters=2)

kmeans.fit(X)


# Visualizando os clusters

plt.scatter(X[:, 0], X[:, 1], c=kmeans.labels_, cmap='rainbow')

plt.scatter(kmeans.cluster_centers_[:, 0], kmeans.cluster_centers_[:, 1], color='black')

plt.title('K-means Clustering')

plt.show()
```

PCA (Análise de Componentes Principais)

PCA é uma técnica de redução de dimensionalidade.

```python
from sklearn.decomposition import PCA


# Dados de exemplo

X = np.array([[1, 2], [1, 4], [1, 0], [10, 2], [10, 4], [10, 0]])


# Criando o modelo

pca = PCA(n_components=1)

X_reduzido = pca.fit_transform(X)

print(X_reduzido)
```

Avaliação de Modelos

Métricas de Avaliação

A avaliação dos modelos de machine learning é essencial para garantir que eles estejam funcionando corretamente.

```python
from sklearn.metrics import accuracy_score, mean_squared_error, confusion_matrix


# Regressão Linear
y_pred = modelo.predict(X)
mse = mean_squared_error(y, y_pred)
print(f"Mean Squared Error: {mse}")


# Regressão Logística
accuracy = accuracy_score(y, predicoes)
print(f"Accuracy: {accuracy}")


# Confusion Matrix
matrix = confusion_matrix(y, predicoes)
print(f"Confusion Matrix:
{matrix}")
```

9. Trabalhando com Dados Reais

Fontes de Dados

Existem muitas fontes de dados públicas que você pode usar para praticar ciência de dados. Alguns exemplos incluem:

- Kaggle: Uma plataforma que oferece datasets e competições de ciência de dados.

- UCI Machine Learning Repository: Um repositório com diversas bases de dados para aprendizado de máquina.

- Data.gov: Um portal de dados abertos do governo dos Estados Unidos.

- Brasil.io: Uma plataforma que disponibiliza dados públicos do Brasil.

Coleta de Dados

A coleta de dados é a primeira etapa em um projeto de ciência de dados. Você pode obter dados de diversas fontes, como arquivos CSV, bancos de dados, APIs e web scraping.


```
# Exemplo de leitura de dados de um arquivo CSV
import pandas as pd


df = pd.read_csv('dados.csv')
print(df.head())
```


Limpeza de Dados

Dados reais frequentemente contêm valores ausentes, duplicados ou inconsistentes. A limpeza de dados é uma etapa crucial para garantir a qualidade da análise.

```python
# Removendo valores nulos
df.dropna(inplace=True)
```

```python
# Removendo duplicatas
df.drop_duplicates(inplace=True)
```

```python
# Preenchendo valores ausentes
df.fillna(0, inplace=True)
```

Análise Exploratória de Dados (EDA)

A análise exploratória de dados envolve a investigação inicial dos dados para descobrir padrões, detectar anomalias e testar hipóteses.

```python
# Resumo estatístico dos dados
print(df.describe())
```

```python
# Distribuição de uma variável
import matplotlib.pyplot as plt
```

```python
plt.hist(df['variavel'], bins=30)
plt.title('Distribuição da Variável')
plt.xlabel('Valor')
plt.ylabel('Frequência')
plt.show()
```

```python
# Correlação entre variáveis
correlacao = df.corr()
print(correlacao)
```

Modelagem de Dados

A modelagem de dados envolve a construção de modelos matemáticos para descrever ou prever padrões nos dados.

```python
from sklearn.model_selection import train_test_split
from sklearn.linear_model import LinearRegression

# Preparação dos dados
X = df[['variavel1', 'variavel2']]
y = df['variavel_target']
X_train, X_test, y_train, y_test = train_test_split(X, y, test_size=0.2, random_state=0)

# Construção do modelo
modelo = LinearRegression()
modelo.fit(X_train, y_train)

# Avaliação do modelo
y_pred = modelo.predict(X_test)
from sklearn.metrics import mean_squared_error

mse = mean_squared_error(y_test, y_pred)
```

```python
print(f"Mean Squared Error: {mse}")
```

10. Implementação de Projetos de Ciência de Dados

A implementação de projetos de ciência de dados envolve várias etapas, desde a coleta e preparação dos dados até a construção e avaliação de modelos, culminando na implementação e monitoramento de soluções em produção.

Planejamento do Projeto

Antes de começar, é essencial planejar o projeto. Isso inclui definir os objetivos, identificar as fontes de dados, escolher as ferramentas e tecnologias, e estabelecer um cronograma.

Coleta de Dados

A coleta de dados pode ser realizada a partir de várias fontes, como bancos de dados, APIs, web scraping, entre outros.

Exemplo de coleta de dados de uma API

```python
import requests

response = requests.get('https://api.exemplo.com/dados')
dados = response.json()
print(dados)
```

Preparação dos Dados

A preparação dos dados envolve limpeza, transformação e engenharia de recursos.

Exemplo de transformação de dados

```python
import pandas as pd
```

```python
df = pd.DataFrame(dados)

df['nova_variavel'] = df['variavel_existente'] * 2

print(df.head())
```

Construção do Modelo

A construção do modelo envolve a escolha do algoritmo, a definição dos hiperparâmetros e o treinamento do modelo.

```python
from sklearn.model_selection import train_test_split

from sklearn.ensemble import RandomForestClassifier
```

```python
# Divisão dos dados

X = df.drop('target', axis=1)

y = df['target']

X_train, X_test, y_train, y_test = train_test_split(X, y, test_size=0.2, random_state=0)
```

```python
# Treinamento do modelo

modelo = RandomForestClassifier()

modelo.fit(X_train, y_train)
```

Avaliação do Modelo

A avaliação do modelo é essencial para garantir que ele atenda aos requisitos do projeto.

```python
from sklearn.metrics import accuracy_score, classification_report
```

```python
# Predições

y_pred = modelo.predict(X_test)


# Acurácia

acuracia = accuracy_score(y_test, y_pred)

print(f"Acurácia: {acuracia}")


# Relatório de Classificação

relatorio = classification_report(y_test, y_pred)

print(f"Relatório de Classificação:

{relatorio}")
```

Implementação e Monitoramento

A implementação do modelo em produção e o monitoramento contínuo são cruciais para manter a performance do modelo e fazer ajustes quando necessário.

```python
# Exemplo de implementação usando Flask

from flask import Flask, request, jsonify


app = Flask(__name__)


@app.route('/predict', methods=['POST'])

def predict():

    dados = request.get_json(force=True)
```

```python
    previsao = modelo.predict([dados['features']])

    return jsonify(previsao=previsao[0])


if __name__ == '__main__':

    app.run()
```

11. Casos de Estudo

Neste capítulo, exploraremos alguns casos de estudo para ilustrar a aplicação prática das técnicas de ciência de dados discutidas ao longo deste livro.

Caso de Estudo 1: Previsão de Vendas

Objetivo: Desenvolver um modelo para prever as vendas de uma empresa de varejo com base em dados históricos.

Coleta de Dados

Os dados foram coletados de um banco de dados interno da empresa, contendo informações sobre vendas diárias, promoções, e dados demográficos dos clientes.

Preparação dos Dados

Os dados foram limpos e transformados para incluir variáveis como dia da semana, feriados, e promoções.

```
import pandas as pd

df = pd.read_csv('vendas.csv')
df['data'] = pd.to_datetime(df['data'])
df['dia_da_semana'] = df['data'].dt.dayofweek
df['eh_feriado'] = df['data'].isin(['2022-12-25', '2022-01-01']).astype(int)
print(df.head())
```

Construção e Avaliação do Modelo

Um modelo de regressão linear foi treinado e avaliado.

```
from sklearn.model_selection import train_test_split

from sklearn.linear_model import LinearRegression

from sklearn.metrics import mean_squared_error


X = df[['dia_da_semana', 'eh_feriado', 'promocao']]

y = df['vendas']

X_train, X_test, y_train, y_test = train_test_split(X, y, test_size=0.2, random_state=0)


modelo = LinearRegression()

modelo.fit(X_train, y_train)

y_pred = modelo.predict(X_test)


mse = mean_squared_error(y_test, y_pred)

print(f"Mean Squared Error: {mse}")
```

Caso de Estudo 2: Classificação de Sentimentos

Objetivo: Desenvolver um modelo para classificar o sentimento de avaliações de produtos como positivo ou negativo.

Coleta de Dados

Os dados foram coletados de avaliações de produtos em uma plataforma de e-commerce.

Preparação dos Dados

As avaliações foram pré-processadas para remover pontuação, stop words e realizar a vetorização dos textos.

```
from sklearn.feature_extraction.text import CountVectorizer

avaliacoes = pd.read_csv('avaliacoes.csv')
vectorizer = CountVectorizer(stop_words='english')
X = vectorizer.fit_transform(avaliacoes['texto'])
y = avaliacoes['sentimento']
```

Construção e Avaliação do Modelo

Um modelo de Naive Bayes foi treinado e avaliado.

```
from sklearn.model_selection import train_test_split
from sklearn.naive_bayes import MultinomialNB
from sklearn.metrics import accuracy_score, classification_report

X_train, X_test, y_train, y_test = train_test_split(X, y, test_size=0.2, random_state=0)

modelo = MultinomialNB()
modelo.fit(X_train, y_train)
y_pred = modelo.predict(X_test)

acuracia = accuracy_score(y_test, y_pred)
print(f"Acurácia: {acuracia}")
```

```python
relatorio = classification_report(y_test, y_pred)

print(f"Relatório de Classificação:

{relatorio}")
```

12. Conclusoes

Neste livro, exploramos os fundamentos do Python e suas aplicacoes em ciencia de dados, abordando desde os conceitos basicos de programacao ate a implementacao de projetos complexos. Vimos como utilizar bibliotecas essenciais como NumPy, Pandas, Matplotlib, Seaborn e Scikit-Learn, alem de tecnicas de machine learning e analise de dados.

A ciencia de dados e um campo vasto e em constante evolucao, e o dominio dessas ferramentas e tecnicas e crucial para quem deseja ingressar na area. A pratica continua e a busca por novos conhecimentos sao fundamentais para o desenvolvimento profissional e a aplicacao eficaz dos conceitos aprendidos.

Esperamos que este livro tenha fornecido uma base solida para sua jornada em ciencia de dados e que voce se sinta confiante para explorar e aplicar essas tecnicas em projetos reais.

13. Referencias Bibliograficas

Aqui estao as referencias bibliograficas utilizadas ao longo do livro, formatadas de acordo com as normas da ABNT:

BANZI, Massimo. Getting Started with Arduino. 1. ed. Sebastopol: O'Reilly Media, 2009.

CHACON, Scott; STRAUB, Ben. Pro Git. 2. ed. Berkeley: Apress, 2014.

CODD, E. F. A Relational Model of Data for Large Shared Data Banks. Communications of the ACM, v. 13, n. 6, p. 377-387, 1970.

DUVALL, Paul; MATYAS, Steve; GLOVER, Andrew. Continuous Integration: Improving Software Quality and Reducing Risk. 1. ed. Boston: Addison-Wesley Professional, 2007.

FLANAGAN, David. JavaScript: The Definitive Guide. 6. ed. Sebastopol: O'Reilly Media, 2011.

GAMMA, Erich et al. Design Patterns: Elements of Reusable Object-Oriented Software. 1. ed. Boston: Addison-Wesley Professional, 1994.

HAN, Jiawei; KAMBER, Micheline. Data Mining: Concepts and Techniques. 2. ed. San Francisco: Morgan Kaufmann, 2006.

LUTZ, Mark. Learning Python. 5. ed. Sebastopol: O'Reilly Media, 2013.

MYERS, Glenford J. The Art of Software Testing. 1. ed. New York: John Wiley & Sons, 1979.

PRESSMAN, Roger S. Software Engineering: A Practitioner's Approach. 7. ed. New York: McGraw-Hill, 2014.

SEBESTA, Robert W. Concepts of Programming Languages. 10. ed. Boston: Addison-Wesley, 2012.

Referencias a sites e documentos online:

FACEBOOK. React: A JavaScript library for building user interfaces. Disponivel em: https://reactjs.org/. Acesso em: 10 mai. 2024.

PYTHON SOFTWARE FOUNDATION. Python: The programming language that lets you work quickly. Disponivel em: https://www.python.org/. Acesso em: 10 mai. 2024.

JUPYTER. Project Jupyter. Disponivel em: https://jupyter.org/. Acesso em: 10 mai. 2024.

DOCKER. Docker Documentation. Disponivel em: https://docs.docker.com/. Acesso em: 10 mai. 2024.

AMAZON WEB SERVICES. Amazon Web Services (AWS) - Cloud Computing Services. Disponivel em: https://aws.amazon.com/. Acesso em: 10 mai. 2024.

KAGGLE. Kaggle: Your Home for Data Science. Disponivel em: https://www.kaggle.com/. Acesso em: 10 mai. 2024.

UCI MACHINE LEARNING REPOSITORY. Disponivel em: https://archive.ics.uci.edu/ml/index.php.
Acesso em: 10 mai. 2024.

DATA.GOV. The home of the U.S. Government's open data. Disponivel em: https://www.data.gov/.
Acesso em: 10 mai. 2024.

BRASIL.IO. Dados abertos do Brasil. Disponivel em: https://brasil.io/home/. Acesso em: 10 mai.
2024.

www.ingramcontent.com/pod-product-compliance
Lightning Source LLC
LaVergne TN
LVHW081807050326
832903LV00027B/2130